Les loups

Texte de Stéphanie Ledu
Illustrations de Sébastien Mourrain

MILAN

Dans les **contes**, le loup est très méchant.
Il veut dévorer le Petit Chaperon rouge
ou les trois petits cochons...
Ces histoires effraient les enfants.

Pourtant, elles sont inventées : en vérité, le loup n'est pas un animal **cruel**.

Houooouuu...
Mais qui a vu des loups ?

Autrefois, ils vivaient nombreux dans nos campagnes et attaquaient souvent les **troupeaux** des bergers.

Au cœur de l’hiver, poussés par la **faim**,
ils s’approchaient aussi des villages.

C’est pour cela que les gens
en avaient peur !

Aujourd'hui, il n'y a que **150 loups** environ en France. C'est très peu ! Le loup est un **animal protégé**, que l'on n'a pas le droit de chasser.

Les **scientifiques** essaient de mieux le connaître. Très discret, il n'est pas facile à observer.

Pour savoir si le loup habite une région, on cherche plutôt des **indices** : traces de pas dans la neige, crottes, restes de proies...

Loin des hommes, dans la montagne, vit une famille de loups. Elle est formée de **2 chefs**, un mâle et une femelle, et de leurs jeunes, de différents âges.

Le territoire de la **meute** est immense.
Mais une grande partie de la journée, les loups restent dans une clairière isolée, pour dormir et se reposer.

Au sein du groupe, chacun sa place !

Le couple qui commande est facile à reconnaître : les animaux ont les oreilles et la queue dressées. Pour montrer qu'ils **obéissent**, les autres gardent la queue basse.

Mais, entre loups, on aime aussi beaucoup se faire des **câlins**...

À la tombée du jour,
les animaux
ont faim.

En été, chacun chasse en solitaire de petites **proies** : lapins, oiseaux, écureuils...

En hiver, la nourriture est plus rare.
Les loups se regroupent.

Chacun met ses pas dans les **traces** de celui qui le précède, à la queue leu leu. Pour marcher très longtemps dans la neige, c'est moins fatigant !

Truffe au vent, les loups ont suivi la piste d'un **chamois**… Ils sentent les odeurs et entendent les petits bruits de très loin.

Repéré ! Les chefs passent à l'attaque. Le chamois tente de fuir, mais il est encerclé. Trop tard pour lui !

Les loups ne sont pas toujours aussi chanceux.
Ils se contentent parfois de manger un **animal déjà mort**, ou restent même des semaines l'estomac vide.

En janvier, la saison des **amours** commence. Seul le couple de chefs a le droit d'avoir des bébés.

Ce jeune aimerait bien prendre la place du grand mâle. Il le fixe pour le **défier**. Le chef grogne, montre les crocs...
« Grrr... Tu veux la bagarre ? »

Le jeune se met sur le dos et ne bouge plus.
« Non, d'accord, c'est toi le plus fort ! »

2 mois ont passé. La **louve** a choisi un terrier de renard abandonné. Elle le creuse pour l'agrandir, puis le tapisse de poils et de mousse. Voilà une **tanière** parfaite !

Une nuit, 5 **louveteaux** y viennent au monde.
Pas plus gros que des pamplemousses,
ils ont les yeux fermés.

Les premiers temps, la louve tient chaud à ses bébés et les nourrit de son **lait**. Elle ne s'absente que pour boire.

Les autres loups lui apportent de la viande.

Au bout d’un mois, coucou ! Les louveteaux ont ouvert les yeux et savent marcher. Ils pointent le bout du **museau** hors de la tanière.

Tous les loups prennent soin des petits.

Ils participent à leurs jeux et les nourrissent avec de la viande qu'ils mâchent puis recrachent en bouillie dans leur **gueule**. Miam !

Un jeune s’éloigne ? Vite, sa mère
le rattrape. Gare au **danger** : un lynx
ou un aigle pourraient le manger !

Même tout petit, le loup sait **hurler** !
Ce long cri défoule et permet aux animaux de se sentir bien ensemble.

Mais qui leur répond là-bas ?
C’est un jeune adulte de la meute. Il vient de la quitter pour trouver un nouveau **territoire** et fonder sa propre famille.

En te promenant dans la nature,
tu ne croiseras jamais le chemin des loups...
Mais si tu as très envie d'en voir, c'est quand
même possible.

En Europe, il existe quelques **parcs** où des meutes vivent dans d'immenses enclos.

Chut ! Les loups sont **peureux**, mais tu pourras les admirer...

Découvre tous les titres
de la collection
Mes P'tits DOCS

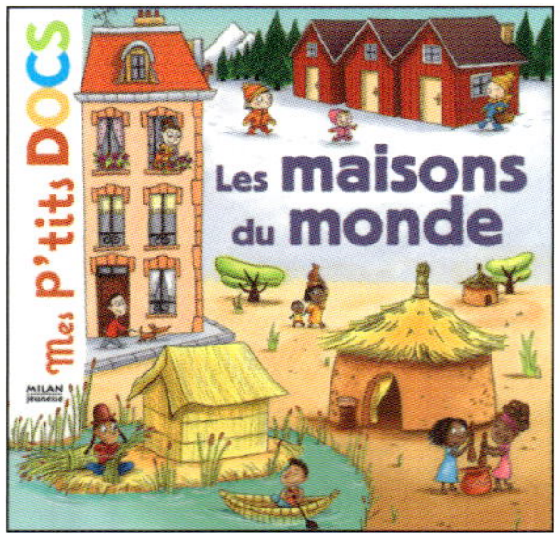

À table !
Au bureau
Les bateaux
Le bébé
Le bricolage
Les camions
Le chantier
Les châteaux forts